wigglespress.com

Written by Rochelle O'Neal Thorpe
Illustrated by Cindy Arias
Edited by Fatimah K. Asghar
Translated by Jing Wang

ISBN 978-1-935706-61-8
Library of Congress Control Number: 2011913122

Second Edition

Printed in the US

Producers of Rock-A-By-Stories

有一个名叫加布里埃尔的男孩。

他的父母叫他加布。

在九个月大的时候，他开始爬着走，并慢慢学会了站立。

加布会坐在车里看着窗外。因为还没有学会如何说话，他就模仿树上鸟儿的叫声。

爸爸带加布散步，他们经常去公园荡秋千。

加布咯咯地笑，随着秋千荡来荡去。

秋千越荡得高，加布笑得越开心。

有一次他在公园里遇见了一只喜欢汪汪叫的小狗。

加布向他挥手打招呼，很快他们成为了朋友。

当加布能够走路的时候，他发现了公园里的新玩意儿，比如沙箱游戏。

在几个月的时间里，加布学会了爬梯子。他会推着一个大轮子上楼梯。

有时他会用玩具船玩“赞成，赞成，船长”的游戏，或者假装他正为他的妈妈开船。

当游戏结束之后，他会快速地滑下梯子。

每天晚饭后的天黑前，加布会央求他的父母带他去公园。

当加布回家后，他会从头到脚洗一遍澡，然后去睡觉。

加布并不害怕黑暗，因为他会梦到第二天在公园的场景。

下雨天，加布去不了公园，于是他就玩放在他蓝色、绿色、黄色和红色玩具箱里的玩具。

加布会把他们拿出来一个一个数数，只是为了好玩。

一个农舍 (一個農舍)

两辆车 (兩輛車)

三只鸭子 (三只鴨子)

四只熊 (四只熊)

五辆卡车 (和五 輛卡車)

六只大大小小的球　(六只大大小小的球)

七块叠起来的木块　(七塊疊起來的木塊)

八块蓝色大理石。 (八塊藍色大理石。)

九张带有形状的卡片．．．

（九張帶有形狀的卡片．．．）

以及其他卡片帮助加布可以数到十

(以及其他卡片幫助加布可以數到十)

当玩具箱是空的时候，房间里则一片狼藉，

他的妈妈设计了一个把玩具放回箱子里的游戏。

于是当加布把玩具放回箱子里面的时候，他可以再数一遍。你会做加布的朋友帮他从 1 数到 10 吗？

一个农舍 (一個農舍)

两辆车 (兩輛車)

三只鸭子 (三只鴨子)

四只熊四只熊(四只熊)

五辆卡车 (和五輛卡車)

六只大大小小的球 (六只大大小小的球)

七块叠起来的木块 (七塊疊起來的木塊)

八块蓝色大理石。(八塊藍色大理石)。

九张带有形状的卡片，以及其他卡片帮助加布可 10

现在所有的玩具都放回了箱子里，加布休息的时间到了。

現在所有的玩具都放回了箱子裏，加布休息的時間到了。

在我们下次见到你之前，故事到此结束。

~ 晚安 ~

Vocabulary Words

1.	Ball	球
2.	Bath	遍澡
3.	Bear	只熊
4.	Bed	睡觉
5.	Bird	鸟
6.	Blocks	块
7.	Cars	车
8.	Crawl	爬
9.	Dog	狗
10.	Dad/Father	爸爸
11.	Ducks	鸭子
12.	Farmhouse	农舍
13.	Marbles	理石
14.	Mother	妈妈
15.	Park	公园
16.	Puppy	小狗

17. Slide 滑
18. Stroller 里遇
19. Swing 荡秋千
20. Trees 树
21. Toy Box 玩具箱
22. Trucks 卡车
23. Wheel 轮子
24. Parents 父母

Colors

1) Red Hong 红
2) Yellow Huang 黄
3) Blue Lan 蓝色
4) Green Lu 绿色
5) Black Hei 黑

Numbers / Shùzì / 数字

1. Yi 一
2. Er 二 Pair 两辆
3. San 三
4. Si 四
5. Wu 五
6. Liu 六
7. Chi 七
8. Ba 八
9. Jiu 九
10. Shi 十

Shapes / Xíngzhuàng / 形状

1. Octagon	Bā jiǎoxíng	八角形
2. Square	Fāng	方
3. Triangle	Sānjiǎo	三角
4. Star	Míngxīng	明星
5. Oval	Tuǒyuán xíng	椭圆形
6. Heart	XinZhangXing	心脏
7. Circle	Quān	圈
8. Cross	Kuàyuè	跨越
9. Rectangle	Jǔxíng	矩形

www.ingramcontent.com/pod-product-compliance
Lightning Source LLC
LaVergne TN
LVHW070152230826
846093LV00002B/14
* 9 7 8 1 9 3 5 7 0 6 6 1 8 *